# LÉOPOLD SÉDAR SENGHOR

De dichter president

50MINUTES.com

# LÉOPOLD SÉDAR SENGHOR

De dichter president

geschreven door Mylène Théliol
vertaald door Nikki Claes

50MINUTES.com

# LÉOPOLD SÉDAR SENGHOR

## INLEIDING

Léopold Sédar Senghor is een letterkundige uit zowel de Afrikaanse als de westerse cultuur. Hij heeft de lengte en breedte van de 20e eeuw doorkruist en de ups en downs van een chaotische geschiedenis, waarin hij zelf een belangrijke rol heeft gespeeld, met zich meegedragen. Als tijdgenoot van koloniale rijken, wereldoorlogen, dekolonisatie en de opkomst van de globalisering kon hij twee carrières tegelijk uitoefenen, die van ambtenaar en politicus en die van dichter en schrijver. Senghor zag zichzelf echter altijd eerst en vooral als dichter, en het was via zijn literaire werk dat hij de strijd aanvoerde tegen het kolonialisme en de gedwongen assimilatie van Afrikanen in het Franse Rijk. De negridebeweging, die hij vanaf 1934 samen met Aimé Césaire (1913-2008) ontwikkelde voor de erkenning van de zwarte identiteit en de Afrikaanse cultuur, bracht hem op het politieke pad. Als parlementslid voor het door Frankrijk geregeerde Senegal, en later als minister onder generaal de Gaulle (Frans staatsman, 1890-1970), symboliseerde Senghor de samenwerking tussen Frankrijk en enkele van zijn voormalige Afrikaanse koloniën, dat wat door zijn tegenstanders werd bekritiseerd.

Hij werd tussen 1960 en 1980 vijfmaal tot president van het onafhankelijke Senegal gekozen en was de architect van de politieke en economische stabiliteit van zijn land, ondanks enkele botsingen. Zijn besluit om zich in 1980 vrijwillig terug te trekken uit de macht droeg bij tot zijn legende als groot Afrikaans staatshoofd.

Zijn leven lang was hij een fervent verdediger van de Franse taal en streed hij voor de internationale erkenning ervan via de door hem opgerichte Francophonie. Léopold Sédar Senghor is een atypische man die zijn visie van een universele beschaving gebaseerd op respect voor verschillende culturen wist op te leggen aan zijn vaderland en aan de Franse literaire gemeenschap.

## KERNGEGEVENS

- **Geboren?** 9 oktober 1906 in Joal (Senegal).
- **Gestorven?** 20 december 2001 in Verson (Frankrijk).
- **Carrière?** President van de Republiek Senegal van 1960 tot 1980.
- **Belangrijke bijdragen?**
    - Een van de oprichters van de anti-koloniale en pro-Afrikaanse intellectuele beweging genaamd negritude.
    - Eerste president van de Republiek Senegal.
    - Een van de verdedigers en oprichters van de Francophonie.
    - De eerste Afrikaan die werd verkozen tot lid van de Franse Academie.

# HET LEVEN VAN LÉOPOLD SÉDAR SENGHOR

## DE VORMINGSJAREN TUSSEN AFRIKA EN HET WESTEN

Léopold Sédar Senghor, geboren op 9 oktober 1906, was de zoon van een rijke koopman uit Serer, Diogoye Basile Senghor, en zijn derde vrouw, Gnilane Ndiémé. Hoewel geboren in Joal, een van de belangrijkste Serer steden, bracht de kleine Léopold de eerste zeven jaar van zijn leven door bij zijn oom van moederszijde, Toko' Waly, in Djilor, een kleine stad met een grote Fulani gemeenschap.

### De Serer mensen

De Serer zijn een van de vier etnische groepen in Senegal, samen met de Wolof, de Fulani en de Toucouleur. Zij bewonen een kuststrook van 200-250 kilometer ten zuiden van Dakar en zijn met meer dan een miljoen. De Serer zijn voornamelijk boeren en vissers. Twee culturele kenmerken onderscheiden hen: ze zijn matriarchaal en katholiek, terwijl de islam de meest beleden godsdienst is onder de Senegalezen.

Senghor's vroege jeugd was landelijk. Van de familie van zijn moeder leerde hij het herderswerk, de tradities, de waarden van moed, eer en trouw, evenals de voorouderlijke kennis en het respect voor de natuur. Tot 1913 leefde hij in een fundamenteel animistische omgeving die hem zijn hele leven zou tekenen.

Op achtjarige leeftijd wordt Léopold Sédar Senghor door zijn vader teruggeroepen om zijn opleiding te voltooien in de missie van de Heilige Geest in Ngazobil, op 6 kilometer van Joal, waar hij het katholicisme, nieuwe talen (Frans, Wolof en Latijn) en natuurwetenschappen leert. Omdat de missionarissen bij de jonge Senghor aanleg voor het priesterschap voelden, raadden zij Diogoye aan zijn zoon naar het Libermann College in Dakar te sturen om zijn studie voort te zetten voordat hij naar het seminarie zou gaan. Maar het priesterschap was niet de weg die de jonge Senghor koos. Na vier jaar studie aan de missie keerde hij in 1926 terug naar de middelbare school in de rue Vincens in Dakar, en vertrok twee jaar later met zijn baccalaureaat op zak en een beurs om klassieke literatuur te studeren in Frankrijk.

In september 1928 ging hij naar de hypokhâgne van het Lycée Louis-le-Grand, in Parijs, om zich voor te bereiden op de École normale supérieure (ENS). Op het lyceum perfectioneerde hij zijn literatuurkennis en probeerde hij verbanden te vinden tussen de westerse en de Afrikaanse cultuur. Tijdens zijn studiejaren raakte hij bevriend met Thierry Maulnier (1909-1988), Louis Achille (1909-1994), Robert Verdier (1910-2009), Paul Guth (1910-1997), Henri Queffelec (1910-1992), Georges Pompidou (1911-1974) en Aimé Césaire. Na drie keer gezakt te zijn voor het ENS-examen, slaagde hij uiteindelijk in 1935 voor de agrégation in Franse grammatica, nadat hij in 1933 tot Frans staatsburger was genaturaliseerd. Nadat hij was geslaagd voor het agrégatie-examen, werd Léopold Sédar Senghor leraar literatuur en grammatica aan het Lycée Descartes in Tours (1935-1938) en volgde hij de cursussen negro-Afrikaanse taalkunde van Lilias Homburger (1880-1969) aan de École Pratique des Hautes Études, en die van Marcel Mauss (1872-1950), Paul Rivet (1876-1958) en Marcel Cohen (1884-1974) aan het Institut d'Ethnologie de Paris.

## DE NEGRITUDE BEWEGING

In 1934 richtte Léopold Sédar Senghor met de hulp van Aimé Césaire en de Guyanees Léon-Gontran Damas (1912-1978) het tijdschrift *L'Étudiant noir op*. In deze bladzijden uitten zij voor het eerst hun protest tegen de koloniale overheersing en brachten zo de Afrikaanse cultuur onder de aandacht. Deze begrippen werden geïntroduceerd door Aimé Césaire in een tekst getiteld "Négrerie", die door het tijdschrift in 1935 werd gepubliceerd. Hierdoor introduceerde hij het begrip negritude, dat in 1947 verscheen in *Présence africaine* en verder werd uitgewerkt in de poëtische werken van Aimé Césaire en Léopold Sédar Senghor, zoals *Chants d'ombre* (1945), *Hosties noires* (1948) en *Éthiopiques* (1961). Negritude is de erkenning van het feit zwart te zijn en van de geschiedenis en cultuur van zwarte mensen.

## DE INTREDE IN DE POLITIEK (1945-1960)

In de nasleep van de Tweede Wereldoorlog (1939-1945), terwijl hij bleef werken als docent literatuur en taalkunde aan de École nationale de la France d'outre-mer

(1948-1958), raakte Senghor betrokken bij de politiek. Tijdens een van zijn onderzoeksreizen naar de Sererpoëzie in Senegal ontmoette hij de leider van de socialisten, Lamine Guèye (1891-1968), die hem voorstelde zich kandidaat te stellen voor het parlement. Na door het land te hebben gereisd en de verschillende Senegalese etnische groepen te hebben gemobiliseerd, werd Senghor uiteindelijk verkozen tot afgevaardigde voor het kiesdistrict Senegal-Mauritanië in de twee opeenvolgende grondwetgevende vergaderingen (1945-1946) en vervolgens in 1946 in de Franse Nationale Vergadering. Als voorstander van de associatie van Afrika met Frankrijk en zijn ondersteunde emancipatie, werd hij erg populair bij de Senegalezen. In 1948 richtte hij zijn eigen partij op, het Bloc Démocratique Sénégalais, dat voorstander was van de oprichting van een confederatie van de voormalige Franse koloniën in Afrika. Maar zijn project werd verworpen voor de oprichting van de Gemeenschap van 1958, die alle Afrikaanse landen onafhankelijkheid verleende. De door hem opgerichte federatie Mali werd gereduceerd tot twee landen en viel uiteindelijk een jaar later uiteen. In 1960 werd de Republiek Senegal uitgeroepen en Senghor werd president.

## DE PRESIDENT VAN SENEGAL (1960-1980)

Senghor deelde de macht eerst met zijn premier, Mamadou Dia (1910-2009), maar in 1962 liet hij hem arresteren voor een poging tot staatsgreep. Hij regeerde het land toen alleen. Het regime werd steeds persoonlijker en slechts één politieke partij deed mee aan de verkiezingen. Eind jaren zestig werd Senghor echter geconfronteerd met sociale onrust, die hem dwong tot tal van hervormingen en een democratischer regime. Hij benoemde een nieuwe premier en dwong de oprichting af van twee andere politieke partijen om echt politiek pluralisme te creëren. In 1980 trad Senghor af als president van de republiek voor zijn premier Abdou Diouf (geboren in 1935). Hij trok zich terug in Normandië, waar hij zich volledig wijdde aan zijn literaire werk en aan de verdediging van de Franstalige wereld, waarvan hij een van de oprichters was. Hij stierf in 2001.

# CONTEXT

## SENEGAL TEN TIJDE VAN FRANS WEST-AFRIKA

Léopold Sédar Senghor werd in 1906 geboren in Senegal, dat sinds 1895 deel uitmaakte van Frans West-Afrika. Tussen 1895 en 1958 omvatte deze federatie van landen Mauritanië, Senegal, Frans Soedan (nu Mali), Guinee, Ivoorkust, Niger, Opper-Volta (nu Burkina Faso) en Dahomey (nu Benin). Deze kolonie wordt beheerd door Frankrijk via agenten die in het land verblijven. Dakar is sinds 1902 de hoofdstad van Frans West-Afrika, terwijl Saint-Louis tot 1958 de hoofdstad van Senegal bleef. De gouverneur-generaal, die in Dakar is gevestigd, beschikt over een algemene begroting voor het beheer van deze grote kolonie, die wordt gefinancierd door de douane-inkomsten die door elk van de lidstaten worden geïnd.

Senegal is verdeeld in vier gemeenten: Gorée, Saint-Louis, Dakar en Rufisque. Het land is overwegend islamitisch en wordt gedomineerd door twee grote moslimbroederschappen: de Mouriden en de Tidjaniya. Het koloniale gezag vertrouwde op hen om toezicht te houden op de overwegend boerenbevolking. Slechts enkele katholieke missionarissen hebben zich gevestigd in de nog animistische gebieden waar de Serer en een deel van de Fulani leven.

Landbouw is de speerpunt van de Senegalese economie, met name de teelt van aardnoten, waarvan het product naar Frankrijk en het buitenland wordt geëxporteerd. Als gevolg daarvan werden spoorlijnen aangelegd om de gewassen te vervoeren naar de belangrijkste havens aan de kust, Dakar en Saint-Louis, maar ook Thiès, dat de andere koloniën van Frans West-Afrika bediende. Het Franse koloniale systeem functioneerde op basis van raciale ongelijkheid, die was vastgelegd in de Code de l'Indigénat van 1887: de inboorlingen waren Franse onderdanen en hadden als zodanig geen politieke rechten en waren onderworpen aan een repressiever juridisch regime dat hen onderwierp aan dwangarbeid en corvée voor de aanleg van openbare voorzieningen. De kwestie van de toegang van Afrikanen tot de Franse nationaliteit werd in Senegal vanaf het begin van de 20e eeuw besproken, maar kreeg meer gewicht in de jaren dertig, toen Senegal ook werd getroffen door de economische crisis van 1929. Verstedelijkte en hoogopgeleide groepen mobiliseerden zich voor een gelijke status, terwijl een cultureel-nationalistische beweging ontstond die het recht opeiste om anders te zijn. De jaren dertig werden dus gekenmerkt door de crisis en het ontstaan van eisen, zowel in Frans West-Afrika als in Frankrijk.

## FRANKRIJK IN DE JAREN DERTIG

Toen Senghor in Frankrijk verbleef, verkeerde het land in een economische crisis, een gevolg van de beurskrach van 1929, die leidde tot herhaaldelijke instabiliteit in de regering, totdat het Volksfront (1936-1938), een coalitie van linkse politieke partijen, de macht overnam. Het voerde belangrijke sociale hervormingen in, met name via de overeenkomsten van Matignon, die voorzagen in hogere lonen, erkenning van vakbondsrechten, een 40-urige werkweek en twee weken betaald verlof.

Hoewel de situatie in Frankrijk verbeterde, was het politieke klimaat in Europa zeer zorgwekkend, met de opkomst van het nazisme in Duitsland, de versterking van het fascisme in Italië en de oorlog in Spanje, wat de regering allemaal kwetsbaarder maakte.

Het Parijs van de jaren dertig was niet meer het Parijs van de Roaring Twenties, hoewel er nog steeds een belangrijk intellectueel milieu bestond waarvan de politieke tendensen gericht waren op het communisme met de USSR als model, dat het enige bolwerk tegen fascisme en imperialisme leek te zijn, of, integendeel, op het Duitse en Italiaanse model, dat een toename van het antisemitisme bevorderde. Senghor sloot zich aan bij linkse stromingen door zich aan te sluiten bij de communistische en socialistische beweging voor de emancipatie van volkeren, waarbij hij met zijn concept van negritude voorrang gaf aan die van de onderdrukte Afrikanen.

## DE TWEEDE WERELDOORLOG EN DE GEVOLGEN ERVAN VOOR DE FRANSE AFRIKAANSE KOLONIËN

De Tweede Wereldoorlog begon op 1 september 1939, na de invasie van Polen door nazi-Duitsland, en eindigde op 2 september 1945, de dag dat Japan zich overgaf. Aanvankelijk bleef het beperkt tot Europa, maar met de deelname aan de oorlog in 1941 van de USSR, Japan en de Verenigde Staten werd het mondiaal.

Hoewel Frankrijk op 3 september 1939, twee dagen na de nazi-invasie van Polen, de oorlog aan Duitsland verklaarde, bereikten de gevechten zijn grondgebied pas op 12 mei 1940. In amper een maand tijd wisten de Duitse troepen Parijs te bereiken. Tegenover hen konden de Franse en Britse legers, die te hulp waren geschoten, zich alleen maar terugtrekken: het was het debacle. De Franse regering trad op 16 juni af en president Lebrun (1871-1950) deed een beroep op maarschalk Pétain (1856-1951) om de teugels van het land over te nemen. Pétain vroeg onmiddellijk om een wapenstilstand, die op 22 juni in Rethondes werd ondertekend. Dit verdrag voorzag in de verdeling van Frankrijk in twee zones: een bezette zone, die het noordoosten van het land, Parijs, Bretagne en een kuststrook tot aan de Spaanse grens omvatte, kwam onder Duitse controle; en een vrije zone, die overeenkwam met de rest van het grondgebied en werd bestuurd door de regering van Pétain, die sinds 2 juli in Vichy was geïnstalleerd en die gedwongen werd de Duitse troepen te onderhouden en met hen samen te werken. Generaal de Gaulle, die sinds 5 juni lid was van de voormalige regering en op de 17e naar Londen was getrokken, kon de samenwerking met de Duitse invaller niet accepteren en verkondigde zijn afwijzing van de wapenstilstand en lanceerde op de BBC een oproep om de strijd aan de zijde van Engeland voort te zetten. Zijn boodschap werd gehoord door vele intellectuelen, waaronder Senghor, die na zijn vrijlating in 1942 uit het tuchtkamp van Landes, waar hij gevangen had gezeten, deelnam aan het verzet in het kader van het Nationaal Universiteitsfront.

De wapenstilstand van 1940 gaf de Vichy-regering het recht haar koloniale rijk te behouden. In Afrika, met name in Frans West-Afrika en de Maghreb, steunde de meerderheid van de leiders Pétain. De Petainistische ideologie, gesymboliseerd door een terugkeer naar voorouderlijke tradities, diende echter alleen om inheemse identiteiten te verheerlijken, wat leidde tot de ontwikkeling van nationalistische bewegingen in het hele koloniale rijk. Bovendien ijverden de twee nieuwe grootmachten, de Verenigde Staten en de USSR, in deze oorlog samen met het Franse verzet en Groot-Brittannië, voor de emancipatie van de volkeren, waarvan het beginsel werd vastgelegd in het Atlantisch Handvest van augustus 1941. Geconfronteerd met de eisen van haar bondgenoten en de protesten van de inboorlingen over hun toestand, zag de Voorlopige Regering van de Franse Republiek zich gedwongen hervormingen door te voeren in haar koloniën, die op 30 januari 1944 werden aangekondigd tijdens de toespraak van de Gaulle in Brazzaville (hoofdstad van Frans Equatoriaal Afrika en Congo-Brazzaville).

# HIGHLIGHTS

## EEN INTELLECTUELE STRIJD TEGEN KOLONISATIE: DE NEGRITUDEBEWEGING

Toen Léopold Sédar Senghor in 1928 in Parijs aankwam, trof hij een bloeiende stad aan met veel intellectuelen en kunstenaars. Als zwarte man uit Frans Afrika werd hij echter dan minderwaardig beschouwd. De Franse samenleving was namelijk doordrenkt van kolonialistische, racistische en paternalistische sentimenten die ertoe bijdroegen dat zwarte mensen werden gezien als kinderen, zelfs wilden, die beschaafd moesten worden. Woedend en verontwaardigd over deze onderdrukking, die hij dagelijks voelde, besloot Senghor tegen deze stand van zaken te vechten en sloot hij zich aan bij verschillende jonge zwarte intellectuelen die hij in de hoofdstad ontmoette, zoals Léon Gontran Damas, Aimé Césaire, Léonard Sainville (1910-1977), Aristide Maugée (overleden in 1967) en zijn Senegalese landgenoot Birago Diop (1906-1989). Om hun verzet te formaliseren, vertrouwden ze op West-Indische auteurs en studenten die al demonstranten waren. René Maran (1887-1960) uit Martinique was de eerste die het voortouw nam door de levensomstandigheden van de gekoloniseerden aan de kaak te stellen in zijn roman *Batouala*, die in 1921 de Prix Goncourt won.

In juni 1932 verscheen in Parijs een brochure getiteld "Légitime Défense" van Martinique-studenten, waarin ook het koloniale systeem aan de kaak werd gesteld. Dit manifest deed snel de ronde in zwarte intellectuele kringen in Parijs en wekte het geweten van de studenten, door hen uit te nodigen na te denken over hun toestand en die van hun Afrikaanse broeders. De National Association for the Advancement of Colored People (NAACP), in 1909 in de Verenigde Staten opgericht door W.E.B. Du Bois (1868-1963), die tot doel had gelijke rechten voor alle burgers te waarborgen en rassenhaat en discriminatie uit te bannen, was ook een van de bronnen die jonge zwarte intellectuelen ertoe hebben aangezet een protestbeweging op te zetten die was georganiseerd rond de twee grote dichters, Léopold Sédar Senghor en Aimé Césaire. Dit protest nam de vorm aan van een tijdschrift, *L'Étudiant noir*, dat tussen 1934 en 1940 verscheen en waarvan het doel, zoals omschreven door Léon Gontran Damas (1912-1978), was de stammenverdeling van de studenten op te heffen en hen onder één noemer te brengen, namelijk die van de zwarte student. In dit tijdschrift kreeg het begrip negritude, in 1936 gecreëerd door Aimé Césaire, al vorm.

> *"Negritude is de eenvoudige erkenning van het feit dat we zwart zijn, en de aanvaarding van dit feit, van onze bestemming als zwarte mensen, van onze geschiedenis en onze cultuur.*

(SÉDAR SENGHOR (Léopold), *Liberté III*, Parijs, Seuil, 1977, blz. 269-270)

Het concept wordt verder uitgewerkt in Aimé Césaire's *Cahier d'un retour au pays natal* (1939) en in Senghor's poëtische werken *Chants d'ombre* (1945), *Hosties noires* (1948) en *Éthiopiques* (1961). Zijn gedichten zijn hoofdzakelijk symbolistisch en geïnspireerd op traditionele Afrikaanse ritmes. De auteur put ook uit zijn eigen familiewortels en ervaringen. De eerste werken zijn geworteld in het begrip negritude, met thema's als lijden, segregatie, de oproep tot opstand, de afwijzing van assimilatie aan het imperium en de verheerlijking van het prekoloniale Afrika. Maar vanaf het eind van de jaren zestig dragen de gedichten de hoop uit op de creatie van een beschaving van het universele, die culturen over hun verschillen heen zou verenigen.

In 1948 vormde de publicatie door Senghor van de *Anthology of New French-language Negro and Malagasy Poetry*, voorafgegaan door *Orphée noir* van Jean-Paul Sartre (1905-1980), het hoogtepunt van de beweging, die tegelijkertijd aanspraak maakte op een manier van origineel zijn, het instrument van de strijd en een esthetisch instrument. Deze beweging won vooral vanaf 1947 aan belang met de publicatie van het tijdschrift *Présence africaine*, onder auspiciën van grote Franse auteurs als André Gide (1868-1951), Jean-Paul Sartre en Albert Camus (1913-1960), erkende etnologen als Théodore Monod (1902-2000) en Michel Leiris (1901-1990), evenals Senghor en Cesaire. Het doel van dit tijdschrift is zwarte intellectuelen op alle gebieden onder de aandacht te brengen en hen in staat te stellen hun ideeën te laten horen in de debatten van die tijd.

Vanaf 1960 stuitte de negritudebeweging echter op bezwaren van sommige Afrikanen. De nieuwe generatie-auteurs, zoals de Nigeriaanse Wole Soyinka (geboren in 1934) en de Malinese Yambo Ouologuem (geboren in 1940), bekritiseerde het omdat het te zeer verankerd was in raciale waarden, omdat het zich wentelde in Afrikaanse mythen en geen revolutionaire, sociale en politieke strijd voerde. Na deze aanvallen bevestigde Senghor op het colloquium over negritude, gehouden in Dakar in 1971, de superioriteit van de zwarte identiteit boven de politieke ideologie om een universele beschaving op te bouwen waaraan iedereen kon bijdragen.

## POLITIEKE ACTIE VOOR DE EMANCIPATIE VAN AFRIKAANSE STATEN

Léopold Sédar Senghors intrede in de politiek verliep langzaam, dankzij een toevallige reeks ontmoetingen en promoties in verband met zijn status als professor. In 1944 werd hij benoemd op de leerstoel taalkunde aan de École nationale de la France d'outre-mer. Het was ook in deze periode dat hij La Communauté impériale française publiceerde, een werk met als belangrijkste idee een vereniging en samenwerking tussen Frankrijk en de volkeren van zijn koloniën, zodat deze laatste vrij konden worden en toch verbonden bleven met de metropool. Dit boek sluit aan bij de toespraak in Brazzaville van 30 januari 1944 van generaal Charles de Gaulle, die de emancipatie van de koloniën aankondigde nadat hij de gekoloniseerden in het bestuur van hun eigen land had opgenomen. Senghor moest vervolgens deelnemen aan de werkzaamheden van de Commissie Monnerville (1945), die de ideeën van de toespraak van Brazzaville moest vertalen en de vertegenwoordiging van de kolonies in de toekomstige grondwetgevende vergadering moest bepalen. Het eerste ontwerp voorzag echter alleen in veranderingen in Tunesië en Marokko, terwijl zwart Afrika onder Frans bestuur bleef. Dit bracht Senghor in opstand, die besloot zich meer met politiek bezig te houden om het recht op emancipatie van de Afrikanen te doen gelden.

Bij zijn terugkeer naar Senegal om zijn werk aan de Serer-poëzie voort te zetten, ontmoette hij de plaatselijke leider van de socialisten, Lamine Guèye, die hem voorstelde zich kandidaat te stellen voor de grondwetgevende vergadering. Hij werd verkozen voor het kiesdistrict Senegal-Mauritanië tijdens de twee opeenvolgende grondwetgevende vergaderingen (1945-1946) en werd verkozen in de Franse Nationale Vergadering (1946). Datzelfde jaar trouwde hij met Ginette Éboué (1923-1992), dochter van de voormalige gouverneur van Frans Equatoriaal Afrika, Félix Éboué (1884-1944). Uit deze verbintenis werden twee zonen geboren, Francis-Arphang (geboren in 1947) en Guy Wali (1948-1983).

Senghor was niet de enige die in het Palais Bourbon zat. Ook tien andere Afrikaanse afgevaardigden waren aanwezig, waaronder de Ivoriaan Félix Houphouët-Boigny (1905-1993), de Nigeriaan Fily Dabo Sissoko (1900-1964), Gabriel d'Arboussier (1908-1976) en Jean-Félix Tchicaya (1903-1961), die respectievelijk Gabon en Congo vertegenwoordigden. Samen bundelden zij hun krachten om het lot van de gekoloniseerde volkeren te verbeteren en om dezelfde rechten te verkrijgen als de Franse burgers.

Sommige van hun eisen werden omgezet in wetten, zoals de afschaffing van dwangarbeid en de belangrijkste kenmerken van het statuut van de indigénat (wet van 7 april 1946).

De hervormingen voor de gekoloniseerden bleven echter terughoudend, wat de meeste Afrikaanse politieke vertegenwoordigers ertoe bracht een eenheidsstrijd te voeren in het kader van het Rassemblement démocratique africain (RDA), onder leiding van Félix Houphouët-Boigny, dat tot doel had gelijke rechten en plichten tot stand te brengen tussen de volkeren van Afrika en de Fransen, terwijl ze verbonden bleven met Frankrijk. Hoewel de ideeën van de RDA die van Senghor waren, sloot hij zich niet bij de beweging aan. Hij volgde liever de wensen van de Franse afdeling van de Internationale Arbeidersorganisatie (SFIO), die vreesde voor een te grote steun van de Communistische Partij aan deze pan-Afrikaanse beweging. Maar Senghor verliet al snel de SFIO om in 1948 samen met Mamadou Dia zijn eigen partij op te richten, het Bloc démocratique sénégalais (BDS). Bij de verkiezingen van 1951 won de BDS met een ruime marge van de SFIO, en Senghor werd herkozen als parlementslid in de fractie van de Overseas Independents.

Tussen 1955 en 1956 werd hij staatssecretaris bij het voorzitterschap van de Raad in het kabinet van Edgar Faure (1908-1988). Hij diende als onderhandelaar tussen de Fransen en de Tunesische en Marokkaanse onafhankelijkheidsstrijders, terwijl hij het Algerijnse beleid van Frankrijk steunde. Senghor weigerde echter nog steeds te praten over onafhankelijkheid voor Zwart Afrika en gaf de voorkeur aan het idee van een confederatie tussen Frankrijk en de West-Afrikaanse naties. Maar deze hoop werd de bodem ingeslagen door de kaderwet Defferre van 1956, waarbij aanzienlijke bevoegdheden aan de koloniën werden gedelegeerd. In 1958 besloot de Gaulle vaart te zetten achter de oprichting van de Gemeenschap, die voorzag in de autonomie van de Afrikaanse staten binnen een federatie waarin Frankrijk een leidende rol zou blijven spelen. Landen die weigerden tot de Gemeenschap toe te treden, kregen stelselmatig hun onafhankelijkheid. Senghor kon dus niet anders dan kiezen voor de Gemeenschap, maar hij behield zijn droom van een West-Afrikaanse federatie met Mali (voormalig Frans Soedan), Opper-Volta en Dahomey. In maart 1959 verlieten Opper-Volta en Dahomey de federatie. Op 17 januari 1960 nam Senghor het voorzitterschap van de Federale Vergadering van de laatste twee onderdelen over, terwijl de Soedanees Modibo Keita (1915-1977) voorzitter werd. Door onenigheid tussen de twee hoofdrolspelers viel de federatie echter uiteen. Op 20 augustus 1960 riep Senegal zijn onafhankelijkheid uit. Senghor werd op 2 september tot president gekozen en op 22 september werd de Republiek Soedan Mali.

## HET PRESIDENTSCHAP VAN SENEGAL: DE INSTELLING VAN DE DEMOCRATIE

De grondwet van de nieuwe Senegalese staat was geïnspireerd op die van de Vierde Republiek, waaraan Senghor had deelgenomen. De functies van president, die verantwoordelijk was voor de belichaming van het land en de vertegenwoordiging ervan in het buitenland, en van regeringsleider, een functie die werd toevertrouwd aan Mamadou Dia, die binnenlandse en economische zaken beheerde, werden zo gecreëerd. Maar het conflict tussen de premier en de president suddert. Dia was een socialist, hij streed tegen de bestuurlijke corruptie van het land, maar bovenal verzette hij zich tegen de twee machtige Senegalese moslimbroederschappen om hun invloed op de bevolking te beperken. Deze kwestie van het toezicht op de bevolking was een punt van onenigheid tussen de twee grote staatslieden en bracht Senghor ertoe zijn premier uit te schakelen. In december 1962 werd Mamadou Dia gearresteerd op beschuldiging van poging tot staatsgreep en veroordeeld tot levenslange gevangenisstraf.

Senghor nam vervolgens de uitvoerende macht op zich met de instelling van een presidentieel regime dat werd vastgelegd in de nieuwe grondwet van 1963. Na de afkondiging van de grondwet werd hij herkozen voor een tweede presidentiële termijn. Zijn partij, de Senegalese Progressieve Unie (UPS, een reorganisatie van de BDS), was als enige vertegenwoordigd in de wetgevende vergadering, aangezien de andere drie politieke partijen werden verboden om elke verleiding van een nieuwe staatsgreep te vermijden. Senghor voerde vervolgens een socialistisch beleid gericht op de ontwikkeling van Senegal. Hij gaf de economie van het land in handen van Franse experts, die metropolitaanse bedrijven aanmoedigden om in Senegal te investeren. Tegelijk met de economische ontwikkeling van het land begon Senghor met de oprichting van het Ministerie van Cultuur in

1966, een jaar waarin kunstenaars uit heel Afrika bijeenkwamen voor het eerste Wereldfestival van de Negerkunst in Dakar (april 1966), een actief cultureel beleid gebaseerd op het begrip negritude. Op onderwijsgebied heeft Senghor de Universiteit van Dakar en de lagere en middelbare scholen geleidelijk Afrikaans gemaakt door naast het Frans nationale talen als Wolof, Peul en Serer in te voeren.

Op 25 februari 1968 werd Senghor herkozen tot president, maar in mei werd hij geconfronteerd met grote sociale onrust en studentenonrust, waardoor hij in 1969 de universiteit van Dakar moest sluiten. Senghor voelde dat de publieke opinie tegen hem was en besloot het regime te liberaliseren: in 1970 stelde hij opnieuw de functie van premier in, die echter door het staatshoofd werd benoemd. Hij vertrouwde het toe aan een jonge integere technocraat, Abdou Diouf. Terwijl de president zijn bevoegdheden behield, kon de vergadering nu een motie van afkeuring tegen hem aannemen.

Senghor werd in 1973 herkozen en verleende het jaar daarop gratie aan politieke gevangenen, waaronder Mamadou Dia. In 1976, toen de Senegalese Progressieve Unie de Senegalese Socialistische Partij (PSS) werd, werd het tripartisme in de grondwet vastgelegd, Dit leidde tot de oprichting van de Parti démocratique sénégalais (PDS) van Abdoulaye Wade (geboren in 1926) en de Parti africain de l'indépendance marxiste-léniniste (PAI) van Majhemout Diop (1922-2007), waaraan in 1978 de Mouvement républicain sénégalais (MRS) van Boubacar Guèye (1913-1989) werd toegevoegd. Datzelfde jaar won de PSS de verkiezingen met 82% van de stemmen en begon Senghor aan zijn vijfde termijn als president van de Republiek Senegal. Afgemat door twintig jaar macht, trad hij echter op 31 december 1980 af voor zijn premier Abdou Diouf, die op 1 januari 1981 president werd.

Senghor verlaat vervolgens de politiek om zich uitsluitend te wijden aan zijn literaire werk, dat hij ondanks zijn verantwoordelijkheden als staatshoofd nooit heeft opgegeven, en aan de verdediging van een universele Franstalige cultuur.

## SENGHOR EN DE FRANCOPHONIE

Léopold Sédar Senghor is door zijn opleiding en studie een fervent verdediger van de Franse taal. Zijn werken, allemaal geschreven in de taal van Molière, weerspiegelen zijn passie ervoor. Op 29 maart 1984 werd hij verkozen tot lid van de Académie française en werd daarmee de eerste Afrikaan die in het bestuur zitting nam.

Voor Senghor is de verdediging van de Franse taal in de Afrikaanse landen een instrument voor de creatie van een universele beschaving en culturele kruising. Hij ontwikkelde dit argument in zijn bijdrage aan een speciaal nummer van het tijdschrift *Esprit* in 1962, getiteld "Le Français dans le monde". In de conclusie van zijn artikel "Frans, taal van de cultuur" kondigde Senghor al zijn gedachten over de Francophonie aan:

> *"La Francophonie is dit integrale Humanisme, dat rond de aarde is geweven: deze symbiose*

> *van "slapende energieën" van alle continenten, van alle rassen, die ontwaken tot hun complementaire warmte.*

(SÉDAR SENGHOR (Léopold), "Le français, langue de culture", in *Esprit*, november 1962, p. 844)

Vanaf 1962 werd de strijd voor de Franstalige wereld zijn speerpunt. In juli 1966 presenteerde hij op de bijeenkomst van de Organisation commune africaine et malgache (OCAM) in Tananarive een project voor een Franstalige gemeenschap en stelde hij als eerste stap periodieke bijeenkomsten van de ministers van Onderwijs voor, evenals de oprichting van een Afrikaanse Raad voor het Hoger Onderwijs (CAMES), waarin de OCAM-staten en andere Franstalige staten, die net als Frankrijk belangstelling hebben, zitting hebben. In september 1966 legde Senghor aan de Universiteit van Laval in Quebec de basis voor het toekomstige Agentschap voor Culturele en Technische Samenwerking (ACCT), dat op 20 maart 1970 in Niamey werd ingehuldigd. 21 staten en regeringen ondertekenden de Conventie tot oprichting van het ACCT, dat tot doel had een gemeenschappelijke taal, het Frans, te delen om de culturen van zijn leden te bevorderen en te verspreiden en de onderlinge culturele en technische samenwerking te intensiveren. Het Franstalige project is sinds zijn oprichting blijven evolueren. Het werd het Intergouvernementeel Agentschap van de Francophonie in 1998.

# EFFECTEN

## SENEGAL IN CRISIS

Na het aftreden van Léopold Sédar Senghor op 31 december 1980 nam zijn premier, Abou Diouf, de teugels van Senegal over. Gedurende zijn twee decennia aan de macht probeerde hij de door Senghor geïnitieerde liberale hervormingen voort te zetten. Met de steun van zijn politieke partij, de PSS, stond hij een meerpartijenstelsel en persvrijheid toe.

Zijn presidentschap werd gekenmerkt door twee grote problemen: de economische crisis en de onafhankelijkheidsbewegingen die de regio Casamance teisterden. De Senegalese economie was verzwakt door de crisis in de aardnotenindustrie en de stijging van de werkloosheid in de steden. In de jaren tachtig maakte de staat een dramatische begrotingssituatie door die de internationale financiële instellingen dwong tot budgettaire bezuinigingsmaatregelen, die directe gevolgen hadden voor de Senegalese overheidsdiensten op het gebied van vervoer, onderwijs en gezondheidszorg. In 1994 werd onder druk van het Internationaal Monetair Fonds (IMF) en Frankrijk de CFA-frank, de valuta van Senegal en de meeste West-Afrikaanse landen, met 50% gedevalueerd. Tegelijk met deze grote economische crisis kreeg Abou Diouf te maken met de separatistische bewegingen van Casamance die zich vanaf 1982 bewapenden om hun onafhankelijkheid te verkrijgen door te vechten tegen het Senegalese leger, waarvan de meest dodelijke in Bissau in 1998. De directe continuïteit van het optreden van Senghor vervaagt met het aan de macht komen van Abdoulaye Wade, leider van de PDS, die in 2001 president van de Republiek Senegal wordt en die de grondwet wijzigt zonder de democratie en het presidentiële systeem, die Senghor dierbaar waren, aan te tasten.

## HET EINDE VAN DE NEGRITUDE

De negritudebeweging, ontwikkeld door Senghor en Césaire, werd niet voortgezet na de dood van haar oprichters, hoewel zij een rol speelde in de opkomst van het zwarte nationalisme in Afrika. En met reden: deze opvatting wordt sterk betwist door zwarte Engelstalige intellectuelen als de Zuid-Afrikaan Ezechiel Mphalele (1919-2008), de Nigerianen Chinua Achebe (1930-2013), Wole Soyinka, John Pepper Clark (geboren in 1935). Deze opvatting is volgens hen dubbel gevaarlijk, vanwege haar raciale manicheïstische karakter dat erop gericht is zwarten en blanken tegenover elkaar te stellen, en vanwege haar romantische en subjectieve dimensie die van het traditionele Afrika een utopisch symbool van onschuld en zuiverheid maakt. Bovendien houdt de beweging geen rekening met de culturele diversiteit van Afrika. Met de ontwikkeling van de realistische roman verloor het dus aan kracht voor een realistische literatuur.

## DE OPKOMST VAN DE FRANCOFONIE

De Francophonie die Senghor tot aan zijn dood heeft verdedigd, leeft na hem voort. Het Intergouvernementeel

Agentschap van de Francofonie werd in 2008 de Internationale Organisatie van de Francofonie (OIF). Zij omvat 54 landen en regeringen die volwaardig lid zijn, evenals 3 geassocieerde leden en 23 waarnemers. De Francophonie reikt nu verder dan de geolinguïstische grenzen van het Frans. Het OIF telt ongeveer 274 miljoen Franstaligen, waarmee het Frans de vijfde meest gesproken taal ter wereld is. De Francophonie verdedigt het idee dat het Frans een gemeenschappelijke taal is die moet floreren met de mondialisering en dus rekening moet houden met de culturele diversiteit.

# SAMENGEVAT

- Senghor, geboren in 1906 in Joal, bracht zijn vroege jeugd door in Djilor bij zijn oom van moederskant, waar hij de gewoonten en gebruiken van het Peul-volk en hun animistische geloof leerde kennen.
- Vanaf 1913 werd de jonge Senghor naar de missie van de paters van de Heilige Geest in Ngazobil gestuurd en vervolgens naar het Libermann college in Dakar om seminarist te worden. Maar het priesterschap bleek niets voor hem, en na twee jaar studie aan de middelbare school in Dakar vertrok hij in 1928 met zijn baccalaureaat en een beurs om literatuur te studeren in Parijs.
- Daar volgde hij de hypokhâgne van het Lycée Louis-le-Grand om toegelaten te worden tot de ENS. Tijdens zijn studie raakte hij bevriend met Georges Pompidou en Aimé Césaire.
- In 1935 besloot hij, nadat hij meerdere malen was gezakt voor het toelatingsexamen ENS, de agrégation in Franse grammatica te doen, waarvoor hij slaagde. Hierdoor kon hij tussen 1935 en 1938 literatuur doceren in Tours.
- Vanaf 1934 namen Senghor en Césaire deel aan een beweging tegen het kolonialisme die de specificiteit van de zwarte en Afrikaanse identiteit en cultuur opeiste, via het tijdschrift *L'Étudiant noir* (1934-1940) en vervolgens *Présence africaine* (een tijdschrift dat in

1947 werd opgericht). Het was in deze bladzijden dat het begrip negritude vorm kreeg en zich ontwikkelde in hun respectieve poëtische werken.

- Van de intellectuele verdediging ging Senghor de politiek in nadat hij voor Senegal tot afgevaardigde in de grondwetgevende vergaderingen van 1945 en 1946 was verkozen, en vervolgens tot afgevaardigde in de Nationale Vergadering in 1946. Samen met zijn collega's uit andere Afrikaanse koloniën pleitte hij voor emancipatie en autonomie van de Afrikaanse landen, maar wenste nog steeds banden met Frankrijk te onderhouden. Maar de schuchtere hervormingen die aan de kolonies werden toegekend, maakten de verdeeldheid tussen de Afrikaanse vertegenwoordigers en de metropool alleen maar groter. Deze laatsten werden radicaler en verenigden zich onder leiding van Félix Houphouët-Boigny in een politieke partij, het Rassemblement démocratique africain (RDA). Aanvankelijk was de partij het eens met de ideeën van associatie met de metropool, maar al snel raakte zij betrokken bij de strijd voor de totale onafhankelijkheid van de Afrikaanse landen.
- Senghor van zijn kant nam niet deel aan de RDA. Hij gaf er de voorkeur aan in 1948 zijn eigen partij op te richten, het Bloc démocratique sénégalais (BDS), en streefde zijn droom na van een confederatie tussen de landen van West-Afrika en Frankrijk. Zijn project kwam echter op losse schroeven te staan door de kaderwet van 1956 en de oprichting van de Gemeenschap in 1958 door generaal de Gaulle.

- In 1958 probeerde hij opnieuw een federatie te vormen tussen Frans Soedan, Dahomey, Opper-Volta en Senegal, maar hij was al snel gedesillusioneerd, want Dahomey en Opper-Volta scheidden zich in 1959 af, een jaar later gevolgd door Soedan. Senegal werd op 2 september 1960 onafhankelijk, evenals Soedan op 22 september, dat de naam Mali aannam.
- Tussen 1960 en 1980 leidde Léopold Sédar Senghor Senegal met vaste en zekere hand. Vijfmaal op rij verkozen tot president van de republiek, voerde hij een beleid dat gericht was op een bloeiende economie van het land, terwijl hij zijn concept van negritude concretiseerde door de Senegalese identiteit en cultuur op alle gebieden in ere te houden.
- Senghors lange ambtstermijn was beladen met conflicten, met name in 1962, toen hij zijn premier, Mamadou Dia, liet opsluiten op beschuldiging van het beramen van een staatsgreep tegen hem. Vanaf dat jaar verhardde het regime en regeerde Senghor het land alleen met zijn politieke partij. Pas na de sociale en studentenprotesten van 1968 begon de president het regime te liberaliseren. In 1970 gaf hij de voorkeur aan de invoering van een tripartiet stelsel en benoemde hij een nieuwe premier, Abdou Diouf. Diouf volgde hem op als president toen Senghor op 31 december 1980 aftrad.
- Het presidentschap van Senegal weerhield Senghor er niet van poëzie te blijven schrijven en zich te wijden aan de verdediging van de Franse taal en de Francophonie. Dit begrip lag hem na aan het hart,

omdat het een brug vormde tussen verschillende culturen en de totstandkoming van een universele beschaving bevorderde. Zijn strijd voor de ontwikkeling van de Franstalige wereld culmineerde in de ondertekening, op 20 maart 1970 in Niamey, van de overeenkomst tot oprichting van het Agentschap voor Culturele en Technische Samenwerking, dat tot doel heeft de Franse taal te delen, de culturen van de 21 ondertekenende leden te bevorderen en te verspreiden, en de culturele en technische samenwerking tussen hen te ontwikkelen.

- De wijding van zijn literaire werk kwam tot stand toen hij op 29 maart 1984 werd gekozen tot lid van de Académie française.

# OM VERDER TE GAAN

## BIBLIOGRAFISCHE BRONNEN

BOURGES (Hervé), *Léopold Sédar Senghor. Lumière noire*, Parijs, Mengès, 2006.

DELAS (Daniel), *Léopold Sédar Senghor: le maître de langue*, Croissy-Beaubourg, Aden, 2007.

DJIAN (Jean-Michel), *Léopold Sédar Senghor. Genèse d'un imaginaire francophone*, Gallimard, 2005.

*Organisation internationale de la francophonie*, geraadpleegd op 6 juli 2015. www.francophonie.org

PROVENZANO (François), "La 'Francophonie' : définition et usages", in *Quaderni*, n° 62, winter 2006-2007, p. 93-102.

"Senegal", in *Encyclopædia Universalis*, geraadpleegd op 6 juli 2015. www.universalis.fr/encyclopedie/senegal

VAILLANT (Janet G.), *Vie de Léopold Sédar Senghor. Zwart, Frans en Afrikaans*, Parijs, Karthala, 2006.

WESLEY (Johnson G.), *Naissance du Sénégal contemporain. Aux origines de la vie politique moderne (1900-1920)*, Parijs, Karthala, 1991.

## WERKEN VAN LÉOPOLD SÉDAR SENGHOR

"Le français, langue de culture", in *Esprit*, november 1962, blz. 837-844.

*Liberté I. Négritude et humanisme*, Parijs, Seuil, 1964.

*Liberté III. Négritude et civilisation de l'universel*, Parijs, Seuil, 1977.

*Vrijheid V. Le dialogue des cultures*, Parijs, Seuil, 1993.

OEuvres poétiques, Parijs, Seuil, 2002. Deze uitgave bevat *Chants d'ombre*, *Hosties noires*, *Éthiopiques*, *Nocturnes*, *Poèmes divers*, *Lettres d'hivernage*, *Élégies majeures*, *Poèmes perdus* en *Dialogues sur la poésie francophone*.

*We horen graag van u! Laat*
*een reactie achter op jouw online bibliotheek*
*en deel je favoriete boeken op social media!*

De uitgever garandeert de betrouwbaarheid van de gepubliceerde informatie, die echter niet onder zijn verantwoordelijkheid valt.

Master ISBN: 9782808604710
Papier ISBN: 9782808605922
Wettelijk depot: D/2023/12603/19

Digitaal ontwerp: Primento,
de digitale partner van uitgevers.